Bibliografische Information der Deutschen Nationalbibliothek:

Die Deutsche Bibliothek verzeichnet diese Publikation in der Deutschen National-bibliografie; detaillierte bibliografische Daten sind im Internet über http://dnb.d-nb.de/ abrufbar.

Dieses Werk sowie alle darin enthaltenen einzelnen Beiträge und Abbildungen sind urheberrechtlich geschützt. Jede Verwertung, die nicht ausdrücklich vom Urheberrechtsschutz zugelassen ist, bedarf der vorherigen Zustimmung des Verlages. Das gilt insbesondere für Vervielfältigungen, Bearbeitungen, Übersetzungen, Mikroverfilmungen, Auswertungen durch Datenbanken und für die Einspeicherung und Verarbeitung in elektronische Systeme. Alle Rechte, auch die des auszugsweisen Nachdrucks, der fotomechanischen Wiedergabe (einschließlich Mikrokopie) sowie der Auswertung durch Datenbanken oder ähnliche Einrichtungen, vorbehalten.

Impressum:

Copyright © 2014 GRIN Verlag, Open Publishing GmbH
Druck und Bindung: Books on Demand GmbH, Norderstedt Germany
ISBN: 9783668335370

Dieses Buch bei GRIN:

http://www.grin.com/de/e-book/341044/jesus-waechst-als-juedisches-kind-auf-kath-religion-5-klasse

Astrid-Maria Gerhardt

Jesus wächst als jüdisches Kind auf (Kath. Religion, 5. Klasse)

GRIN Verlag

GRIN - Your knowledge has value

Der GRIN Verlag publiziert seit 1998 wissenschaftliche Arbeiten von Studenten, Hochschullehrern und anderen Akademikern als eBook und gedrucktes Buch. Die Verlagswebsite www.grin.com ist die ideale Plattform zur Veröffentlichung von Hausarbeiten, Abschlussarbeiten, wissenschaftlichen Aufsätzen, Dissertationen und Fachbüchern.

Besuchen Sie uns im Internet:

http://www.grin.com/

http://www.facebook.com/grincom

http://www.twitter.com/grin_com

Studienseminar für GHRF in ...

Fachmodul: Katholische Religion (MKAA)

Ausbilder: xv

Astrid-Maria Gerhardt

Straße:

Wohnort:

Tel.:

LiV an der xy-Schule in ...

Straße:

Wohnort:

Tel.:

Unterrichtsvorbereitung

im Fachmodul Katholische Religion

Thema der Unterrichtseinheit:
„Jesus ist ein Freund der Menschen"
Thema der Unterrichtsstunde:
Jesus wächst als jüdisches Kind auf.

Lerngruppe:	5H/5R
Raum:	xw
Datum:	10.10. 2014
Zeit:	10.10–10.55 Uhr (4. Stunde)
Schulleiter:	xx
Mentorin:	xy

Inhalt

1. Zentrales Anliegen der Stunde

Die SuS fördern ihre Wahrnehmungskompetenz,

- indem sie die jüdische Tradition, in der Jesus aufwächst, darin glaubt, denkt und lebt, nachvollziehen.
- indem sie Lebensbereiche der realen Umwelt Jesu erforschen.
- indem sie an biblische Erzählungen herangeführt und für diese sensibilisiert werden.

Dabei können sie...

- aus einer Fantasiegeschichte das ihnen bekannte Wissen über Jesu und das Land Palästina mitteilen.
- mittels visueller Impulse eine Landkarte über Palästina erstellen und die Wirkungsorte Jesu benennen.
- selbstständig Fragen zu dem Thema „Jesus wächst als jüdisches Kind auf" stellen und Antworten geben können, um daraus mit Unterstützungshilfen ein Gespräch innerhalb der Lerngruppe zu entwickeln.
- in Partnerarbeit kooperativ und wertschätzend miteinander umgehen.

2. Stellung der Stunde in der Einheit

Stunde	Thema: ***Jesus ist ein Freund der Menschen***	Intention:
1 - 2	Wir erstellen einen Steckbrief über Jesus.	
3	Wir lernen das Land Palästina und die Wirkungsorte Jesu kennen.	
4 - 5	***Jesus wächst als jüdisches Kind auf.***	**Wahrnehmungskompetenz:** **Die SuS fördern und erweitern ihre Wahrnehmungskompetenz, indem sie die jüdische Tradition, in der Jesus aufwächst, er darin glaubt, denkt und lebt, nachvollziehen und dabei historisch die Lebenswelt von Jesus erforschen.**
6 - 7	Exkursion: Besuch der ehemaligen Synagoge in der x- Stadt	
8 – 9	Der zwölfjährige Jesus im Tempel	
10 - 12	„Lasst die Kinder zu mir kommen!"	
13 - 14	Praktische Arbeit: „Wir erstellen ein Fotoalbum von Jesus Christus."	

3. Bedingungsanalyse

3.1 Institutionelle Bedingungen in Bezug auf die Stunde

Die xy-Schule liegt am Rande der Stadt x und ist eine im Jahre 1971 erbaute, schulformbezogene Gesamtschule, die 2012 als Mint-freundliche Schule ausgezeichnet wurde und bestrebt ist, dieser Bezeichnung auch weiterhin gerecht zu werden. Das Schulgebäude gliedert sich in eine Haupt- und Realschule als auch in ein modernes Gymnasium mit gymnasialer Oberstufe. Etwa 1.650 Schülerinnen und Schüler[1] besuchen derzeit die Schule. Die Schule pflegt im Rahmen schulischer Veranstaltungen und Feierlichkeiten die Gestaltung von Gottesdiensten und christlicher Rituale (Meditation und Gebete) in der Advents- und vorösterlichen Zeit.

Der katholische Religionsunterricht der Klasse 5H/5R ist 2-stündig pro Woche angelegt.

Anstelle des Lehrbuches „Zeit der Freude" dienten für die Erarbeitung der Unterrichtseinheit als Lehrwerksgrundlagen Kinderbibeltexte sowie Arbeitsblätter aus dem Materialheft "Sternstunden Religion" für die Klassen 5/6 sowie "Jesus Christus", Materialien für den Regelunterricht und Freiarbeit in der Sekundarstufe I (beide aus dem Auer-Verlag).

3.2 Beschreibung der Lerngruppe

Die Lerngruppe 5H/5R wird im Fach Katholische Religion seit Beginn des 1. Schulhalbjahres von mir eigenverantwortlich unterrichtet. Sie besteht aus 16 SuS im Alter von 11/12 Jahren, davon gehören 2 zum weiblichen Geschlecht und 14 zum männlichen Geschlecht. Vier SuS gehören zur Klassengemeinschaft der 5H, alle anderen SuS zur Klassengemeinschaft der 5R. Die SuS sind zu mir freundlich und höflich. Sie achten auf ihre Gefühle und Bedürfnisse und lassen diese in den Unterrichtsprozess mit einfließen (Selbstregulierung). Sie sind darum bemüht, ihre persönlichen Geschichten bzw. ihre persönlichen Erfahrungen mit einzubringen. In ihrer Glaubensentwicklung bewegen sich die SuS zwischen einem mythisch-wortgetreuen Glauben („Buchstabenglauben"), der „Mythen nicht als symbolische Sprache erkennen lässt und in dem Gott wie ein menschliches Wesen aufgefasst wird sowie einem synthetisch-konventionellen Glauben, der persönlich noch nicht angeeignet ist, sondern vielmehr von anderen übernommen und von anderen abhängig ist". Die SuS der katholischen Religionsgruppe 5H sind in die größere Gruppe der Klasse 5R gut integriert, insbesondere M., aber auch Jo und N, eineiige Zwillinge, obwohl sie sehr schüchtern, ruhig und sensibel sind. Meine Aufmunterungen, den Unterricht aktiv mit zu gestalten, führen nicht immer zum

---

[1] im Folgenden mit SuS abgekürzt

Erfolg, zeigen aber eine positive Entwicklung auf. Integrationsprobleme hat S, die aufgrund eines körperlichen Organleidens sprachliche Einschränkungen hat und aufgrund immer wieder notwendiger Krankenhausaufenthalte am Unterricht nicht immer teilnehmen kann. S fühlt sich aufgrund ihres Leidens gehemmt und spricht kaum und auch sehr leise. So entwickelt sich ein partnerschaftlicher Umgang mit Sy (5R) nur sehr zögerlich. Sy arbeitet oft in Einzelarbeit, da sie mit den Jungen noch nicht zusammen arbeiten möchte. Ungeachtet dieser Tatsachen der Passivität bezüglich der Kommunikation, erledigen S, Jo, und N ihre Hausaufgaben sehr ordentlich, sind bezüglich des Unterrichtsgeschehens kognitiv präsent und arbeiten bei der Durchführung von Ritualen und Arbeitsaufträgen aktiv und interessiert mit. Sy, J, Ja, M, A, S und G bringen sich aktiv in das Unterrichtsgeschehen ein, drücken sich angemessen aus und zeigen Offenheit, Unbefangenheit und Neugierde gegenüber neuen Inhalten.

3.2.1 Arbeits- und Sozialverhalten

Das Sozial- und Arbeitsverhalten der Lerngruppe ermöglicht in der Regel einen lernfördernden Unterricht. Die SuS verhalten sich neugierig und aufgeschlossen. Wecke ich das Interesse der SuS, zeigen sie sich intrinsisch motiviert und arbeiten gewissenhaft. Ihr Arbeits- und Sozialverhalten entspricht mit wenigen Ausnahmen ihrem Entwicklungsstand. In der Regel bearbeiten sie ihre Aufgaben zielbewusst bis zu Ende. Vor allem G, S, J, A und Ja arbeiten zügig, sind sehr motiviert und agil am Unterrichtsgeschehen beteiligt. V, C, D und M erledigen ihre Aufgaben, unterbrechen sich aber durch ablenkende Gespräche. Mit Hilfe von Ermahnungen und mittels positiven Zuspruchs können sie sich jedoch wieder an die vereinbarten Gesprächsregeln halten und arbeiten weiter. Die SuS haben ihre Arbeitsmaterialien präsent und erledigen ihre Hausaufgaben. Die Jungen verfügen gegenüber den beiden Mädchen über ein hohes Maß an Durchsetzungsfähigkeit, verhalten sich aber in Bezug auf den Umgang miteinander freundlich und hilfsbereit.

3.2.2 Lernvoraussetzungen der Lerngruppe

Die Lerngruppe besteht aus gläubigen sowie aus indifferenten SchülerInnen, die sich weniger für die Sinnfragen ihrer Religionszugehörigkeit interessieren, aber den Unterricht aktiv gestalten und dem Fach Religion respektvoll Interesse zeigen. Die Person Jesus jedoch ist allen SuS aus ihren Alltagserfahrungen bekannt, insbesondere durch den Kommunionunterricht und aus dem Lernstoff der Grundschule. In Bezug auf die Unterrichtseinheit „Jesus ist ein Freund der Menschen" haben die SuS dennoch unterschiedliches Wissen mitgebracht. Durch das Erstellen einer Mind-Map und des

4

Steckbriefes über Jesus wurde der Wissensstand soweit wie möglich egalisiert. Die SuS kennen die wichtigsten Daten von Jesus und seine Wirkungsorte. Sie wissen darüber hinaus, dass Jesus Jude war. Die SuS sind es nicht gewohnt, Leitfragen zu entwickeln sowie angemessen auf Wortimpulse und visuelle Impulse zu reagieren. Deshalb benötigen sie Unterstützungshilfen. Die Methode des Frage- und Antwortspiels ist den SuS ebenfalls bekannt und entwickelt sich zunehmend besser. Auffallend ist, dass die SuS sehr unterschiedliche Lernzeiten benötigen, um eine anstehende Aufgabe zu bewältigen. Deshalb soll für die vorliegende Stunde jede Schülerin und jeder Schüler nach seinen Fähigkeiten und seiner Zeit arbeiten dürfen. Die SuS sind gewohnt, in Partnerarbeit anstehende Aufgaben zu bewältigen. Dabei gelingt es ihnen zunehmend besser, aufeinander zu achten, gegenseitige Rücksichtnahme einzuhalten, sich gegenseitig zuhören und Teamfähigkeit zu zeigen.

4. Methodisch-didaktischer Kommentar

Die Unterrichtsstunde beginnt mit dem für die SuS angenehmen Ritual des Singens. Es läutet harmonisch das Unterrichtsgeschehen ein, schafft eine Einleitung zur Strukturierung, Orientierung und Gestaltung der Unterrichtsstunde und fördert harmonisch das Zusammenleben der Lerngruppe. Alternativ bieten sich auch Gebetstexte, Meditationstexte oder Alltagsgespräche an. Das Singen jedoch spricht die SuS in ihrer seelisch-geistigen und emotionalen Verfasstheit ganzheitlich an. Es stiftet Gemeinschaft und verbindet die SuS untereinander. Der Songtext „Kumba jah my Lord…" („Komm in unsere Mitte") schafft eine Verbindung zum Thema der Unterrichtsstunde. Die SuS schaffen hier bereits eine Verbindung zu Jesus und laden ihn ein, bei ihnen zu sein.

Im Anschluss des Rituals erzählt die L eine Fantasiegeschichte, die die SuS in die Zeit Israels vor mehr als 2000 Jahren verführen soll. Sie regt die Vorstellungskraft der SuS an und schafft eine entspannte Lernzeit. Dies fördert die Motivation zum Mitdenken. Geschichten erzählen entspricht auch der Auffassung Fowlers, der die SuS im Alter von 11-12 Jahren auf der Glaubensstufe des mythisch-wörtlichen Glaubens einordnet. In diesem Alter gewinnen Mythen, Geschichten und Symbole an Bedeutung und verhelfen den SuS, sich in ihrer Lebenswelt besser zu orientieren. Die SuS sind fixiert auf narratives Erzählen und versuchen ihre Wirklichkeit getreu wieder zu geben. Die Fantasie-geschichte ermöglicht genau diesen Anspruch, weil die SuS sich in diese Zeit begeben, um Jesus als Freund zu begegnen und ihn in seiner Kindheits- und Jugendwelt zu erleben und zu begleiten. Für einen zeitlich kürzeren Einstieg bietet sich auch das Anhaften einer Landkarte mit den groben Umrissen des Landes Israels an. Dies ist möglich, da die SuS bereits in der vorangestellten Stunde das Land Palästina und die wichtigsten Wirkungsorte Jesu bereits kennengelernt haben (Wiederholung).

Nach der Fantasiegeschichte wird im Sitzkreis auf einem großen Plakat eine Landkarte über das Land Palästina erstellt. Dabei benennen die SuS Orte wie Bethlehem, Nazareth, Jerusalem, Galiläa und Judäa sowie die Gewässer Jordan, See Genezareth und das Tote Meer. Lebens- und Wirkungsorte von Jesu sowie Ortsnamen und Seen werden modellhaft so vorbereitet, dass sie entsprechend mit Nadeln festgesteckt werden können (unterschiedliche Farben verwenden!). Die Erstellung der Landkarte ermöglicht bereits vorhandenes Wissen (Wiederholung) mit neuen Informationen zu verknüpfen. Zudem vertieft sie visuell die örtlichen Gegebenheiten der damaligen Zeit. Es verleitet dazu, dass die SuS aus ihrer eigenen Kindheit und ihrer örtlichen Umgebung berichten. Nicht wenige SuS aus der Lerngruppe sind in anderen Ländern aufgewachsen. Aufgrund unterschiedlicher Nationalität bietet diese Lernsituation Gelegenheit, sich besser kennenzulernen. Dies ist wichtig, weil die SuS darüber gegenseitiges Verständnis für ihre Herkunft entwickeln. Umso deutlicher wird den SuS dann auch, dass man das Land und die darin verwurzelten Menschen, in dem Jesus gelebt hat, kennen muss, um Jesu Botschaft wirklich zu verstehen. Das jüdische Alltagsleben mit all seinen Traditionen bestimmt auch das Leben Jesu. Was er denkt, glaubt und lebt, ist nur aus dem Judentum heraus zu verstehen.

Zur Hinführung auf die Erarbeitungsphase zeigt die L auf den Ort Nazareth und bietet dadurch den SuS Gelegenheit, über den Geburtsort Jesu tieferes Wissen zu äußern. Daraus resultierend entwickeln die SuS -mit Unterstützung der L- die möglichen Leitfragen: „Wie ist Jesus aufgewachsen?" oder „Wie hat Jesus im jüdischen Glauben gelebt?" oder „Wie ist Jesus als Jude aufgewachsen?" Es ist nicht notwendig, dass die SuS in der Leitfrage den jüdischen Glauben integrieren. Es genügt, dass sie äußern, wie Jesus aufgewachsen ist, denn in der Erarbeitung wird deutlich, dass Jesus nach jüdischer Tradition gelebt hat.

Die SuS haben nun in der Erarbeitungsphase Gelegenheit in Partnerarbeit, aber auch individuell, die jüdische Tradition nachzuvollziehen. Dabei helfen visuell reale Symbole aus der jüdischen Tradition wie Torarolle, Tallit, Mesusa, Menorah und Kippa sowie bildliche Symbole z.B. einer Synagoge, eines Flachdachhauses und des Sabbats. Diese werden auf einer Lerntheke präsentiert. Die Symbole werden visuell vorgestellt und anhand von Texten, die aus der Sichtweise Jesu erzählt werden, untermalt. Alle Texte werden eingeleitet mit „Jesus erzählt...". Dies gibt den SuS das Gefühl, dass sie Jesus begleiten und bei ihm sind. Die SuS durchlaufen die Lerntheke in ihrer Zeit, soviel wie sie entsprechend ihren kognitiven Fähigkeiten schaffen und stellen Fragen zu den jüdischen Symbolen. Zugleich sollen sie eine Antwort auf ihre Frage finden. Zudem besteht die Möglichkeit, dass besonders schnelle SuS die jüdischen Symbole einem ihnen bekannten christlichen Symbol zuordnen können.

Nach der Erarbeitung kommen SuS im Sitzkreis wieder beisammen und tauschen ihr gesammeltes Wissen und ihre Erfahrungen über die dargestellten jüdischen Symbole und der damit verbundenen jüdischen Tradition aus. Methodisch bietet sich in dieser Lernphase das bereits eingeübte Frage- und Antwortspiel an. Ein Schüler oder eine Schülerin stellt eine Frage, die von SuS selbst beantwortet und auch gegebenenfalls korrigiert wird. So lernen die SuS eigenständig zu arbeiten, einander zuzuhören, gegenseitig Rücksicht zu nehmen und ihr Wissen selbst zu überprüfen. Für SuS, die Probleme haben, Fragen zu formulieren, gibt es Hilfekarten.

Wichtig ist, dass die Ergebnisse visuell an der Tafel oder auf einem großen Plakat schriftlich fixiert werden. Hilfreich ist es, dass man Begriffskarten bereits vorbereitet. Die Karten können von den SuS mit Magnetsteinen schnell befestigt werden. Das spart aufgrund der Stofffülle in einer nur zur Verfügung stehenden Unterrichtsstunde sehr viel Zeit. Die visuelle Darstellung der von den SuS erarbeiteten Ergebnisse ermöglicht, dass sie ihre gemachten Erkenntnisse selbstreflektierend überprüfen können und an Wertschätzung gewinnen. Zudem können sie für den weiteren Verlauf der Unterrichtseinheit genutzt werden. Als L sollte man nicht den Fehler machen, die SuS auf Ergebnisse hinzulenken, weil man diese entsprechend doch so mühsam vorbereitet hat. Wenn ein Begriff von den SuS nicht erarbeitet wurde, sollte man ihn auch weglassen. Mögliche andere Lösungen können auf leere vorbereitete Karteikarten von den SuS selbst geschrieben werden. Wichtig ist, dass über die erarbeiteten Symbole aus der jüdischen Tradition gesprochen wird und ein Vergleich zur christlichen Tradition eingebettet wird. Dies ist gut möglich, da die SuS christliche Traditionen wie Taufe und Kommunion und die damit verbundenen christlichen Symbole wie Gebet, Kirche, Kommunionkleid- und Anzug, Kerze, Priestergewand sowie das Kreuz erfahren haben. Das Gespräch sollte in jedem Falle in der nächsten Stunde nochmals aufgegriffen und vertieft werden.

Zur Festigung eignet sich ein von der L vorbereiteten Lückentext, der als Hausaufgabe auf einem Arbeitsblatt von zwei SuS ausgeteilt wird.

Bleibt noch genügend Zeit, bietet sich an, die Stunde mit einem von den SuS selbst gewählten Ritual zu beenden.

5. Überblick über den Verlauf der Stunde

Zeit	Phase	geplanter Unterrichtsverlauf	Methodisch-didaktischer Kommentar	Arbeits-und Sozialform	Medien
10.10-10.13	Ritual	SuS im Sitzkreis; nach der gemeinsamen Begrüßung singen die SuS zur Einstimmung den Song: „Kumba yah my Lord..."	Rituale strukturieren und gestalten harmonisch das Unterrichtsgeschehen und bieten eine verlässliche Orientierung im Zusammenleben. Das Singen spricht die SuS in ihrer leiblich-seelischen, geistigen und emotionalen Verfasstheit ganzheitlich an. Es stiftet Gemeinschaft und verbindet die SuS untereinander. Mit dem Songtext „Kumba jah my Lord..." (Komm in unsere Mitte) schaffen die SuS bereits eine Verbindung zu Jesus und laden ihn ein, bei ihnen zu sein.	Plenum, SuS-Aktivität	Songtext, Orffinstrumente
10.13-10.17	Einstieg	LiV-Impuls: Koffer zeigen. Die Schüler stellen Überlegungen an, was mit dem Koffer unternommen werden kann. Die LiV leitet zur Fantasiereise nach Palästina über und führt diese durch. SuS schließen die Augen und hören entspannt zu.	Nach Fowler befinden sich die SuS im Alter von 11/12 Jahren auf der Glaubensstufe des mythisch-wörtlichen Glaubens. Mythen, Geschichten oder Symbole gewinnen für die Orientierung der Schüler in der Welt an Bedeutung. Nach Piaget denken SuS im Alter von 10-11 Jahren konkret operational. In diesem Stadium sind die gedanklichen Operationen an anschaulich erfahrbare Inhalte gebunden. Das Kind ist fixiert auf narratives Erzählen und versucht, seine Wirklichkeit möglichst getreu wieder zu geben. Die Fantasiegeschichte regt dabei die Vorstellungskraft der SuS an und motiviert sie, sich in die Zeit vor mehr als 2000 Jahren hinein zu versetzen.	Plenum, SuS-Aktivität, L-Aktivität	Koffer, Fantasiereise
10.17-10.25	Hinführung	Die Fantasiereis weckt das Vorwissen der SuS, die bereits verschiedene Lebensstationen aus dem Leben Jesu kennen (Geburt, Religion, Wirkungsorte...). Dieses Wissen ermöglicht im Zusammenhang mit der Fantasiereise, eine Landkarte zu erstellen. Dabei benennen die SuS Orte wie Bethlehem, Nazareth, Jerusalem, Galiläa und Judäa sowie die Gewässer Jordan, See Genezareth und das Tote Meer.	Die Erarbeitung der Landkarte knüpft an die Fantasiereise an und ermöglicht bereits vorhandenes Wissen mit neuen Informationen zu verbinden. Zudem vertieft sie visuell die örtlichen Gegebenheiten der damaligen Zeit. In der Lerngruppe gibt es Kinder, deren Familien aus anderen Ländern kommen. Hier besteht die Möglichkeit deren Erfahrungen in den Unterrichtsprozess einzubinden, indem sie über ihre Kindheit berichten, um von daher die Leitfrage zu entwickeln.	Sitzkreis, Plenum SuS-Aktivität, LiV-SuS-Gespräch / LiV-Aktivität	modellhafte Kreise für Stadt und Dörfer, modellhafte Abbildungen von Seen und Totes Meer, grün- und braunfarbiges Untergrundpapier für Regionen

Zeit	Phase	Verlauf		SuS-Aktivität	
		Impuls: L zeigt auf Nazareth. Die SuS äußern, dass Jesus hier aufgewachsen und ein Jude ist. Die SuS entwickeln mit Unterstützung der L/LiV die mögliche Leitfrage: „Wie ist Jesus als Jude aufgewachsen?" oder „Wie hat Jesus seine Kindheit im jüdischen Glauben erlebt?"			SuS-Aktivität
10.25-10.45	Erarbeitung	Die Lerngruppe erarbeitet unterschiedliche Symbole aus der jüdischen Tradition. Die Symbole werden visuell vorgestellt und anhand von Texten, die aus der Sichtweise Jesu erzählt werden, untermalt. Die SuS durchlaufen die Lerntheke in ihrer Zeit, soviel wie sie entsprechend ihren kognitiven Fähigkeiten schaffen und stellen Fragen zu den jüdischen Symbolen. Zugleich sollen sie eine Antwort auf ihre Frage finden. Zudem besteht die Möglichkeit, dass schnelle und fleißige SuS die jüdischen Symbole einem ihnen bekannten christlichen Symbol ordnen können.	Um Jesus und seine Botschaft wirklich zu verstehen, muss man sein Land und die Leute kennen, mit denen er zu tun hatte. Der im jüdischen verankerten Glauben und das damit verbundene Alltagsleben bestimmte auch das Leben Jesu. Gegen die Auffassung, Jesus sei der erste Christ, soll deutlich werden, dass Jesus in der jüdischen Tradition aufwächst, darin glaubt, denkt und lebt. Er hat seinen jüdischen Glauben nie verlassen. Was er sagt und glaubt, ist nur aus dem Judentum heraus zu v verstehen. In diesem Lernschritt der vorliegenden Stunde soll die Glaubensheimat Jesu, die er in seiner Kindheit erfahren hat, wahrgenommen (Wahrnehmungskompetenz) und verständlich werden. Die Methode Frage- und Antwortspiel unterstützt die allmähliche Entwicklung hin zum eigenständigen Erschließen von Texten. Für SuS, die Probleme haben, Fragen zu formulieren, gibt es eine Hilfekarte.	Lerntheke, SuS-Aktivität, Einzelarbeit, Partnerarbeit	Symbole aus der jüdischen Tradition (Torarolle, Tallit, Mesusa, Menorah, Kippa, Synagoge, Flachdachhaus, Sabbat); Frage-und Antwortkärtchen, Symbolkärtchen, Hilfekarte
10.45-10.50	Ergebnis-sicherung I	Die von den SuS erarbeiteten Fragen und Antworten werden im Sitzkreis so vorgestellt, dass ein Frage- und Antwortspiel zwischen den SuS erkennbar ist. Eventuell Rückgriff auf den Vergleich jüdischer und christlicher Symbole.	Die SuS lernen miteinander zu kommunizieren und stellen auf diesem Wege ihre Ergebnisse selbstständig vor. Gleichzeitig können sie selbstreflektierend die Informationen ihrer Mitschülerinnen und Schüler sowie ihre eigene Erarbeitung überprüfen.	Plenum, Sitzkreis	Frage- und Antwortkärtchen
10.50-10.53	Ergebnis-Sicherung II	SuS: Fixierung der Erkenntnisse an der Tafel anhand von Begriffskarten der SuS. AB: Hausaufgabe	Die visuelle Darstellung der Begriffskarten ermöglicht den SuS ihre gemachten Erkenntnisse selbstreflektierend zu überprüfen. Visualisierte Arbeitsergebnisse können auf diesem Wege wertgeschätzt und für den weiteren Verlauf der Unterrichtseinheit genutzt werden.	Plenum, Sitzkreis	Begriffskärtchen

9

		s.o. Ritual	Sitzkreis, Plenum	Gebet
10.53-10.55	Ritual	Die LiV und die SuS verabschieden sich durch das gemeinsam gesprochene „Vater unser…". Dabei vollziehen die SuS die im Gebet genannten Bitten durch meditative Körperbewegungen nach.		

6. Literaturverzeichnis

Hessisches Kultusministerium (Hrsg.): Bildungsstandards und Inhaltsfelder. Das neue Kerncurriculum für Hessen, Sekundarstufe 1 – Realschule, Katholische Religion, Wiesbaden 2011.

Hilger, Georg/Leimgruber, Hans/Ziebertz, Hans-Georg; Religionsdidaktik, Ein Leitfaden für Studium, Ausbildung und Beruf, 3. Aufl., München 2013.

Maxwell, Arthur S.; Menschen in Gottes Hand – Geschichten der Heiligen Schrift für Kinder nacherzählt von Arthur S. Maxwell, N I, Jesus – von Gott zu den Menschen gesandt, Washington 1956.

Rieß, Wolfgang/Schlereth, Reinhard; Sternstunden Religion, Besondere Ideen und Materialien zu den Kernthemen der Klassen 5/6, 4. Aufl., Donauwörth 2013.

Wailzer, Erika; Jesus Christus, Materialien für den Regelunterricht und Freiarbeit in der Sekundarstufe I, 4. Aufl., Donauwörth 2012.

Wendel Niehl, Franz/Thömmes, Arthur; 212 Methoden für den Religionsunterricht, 12. Aufl., München 2012.

7. Anhang

Fantasiereise

Ich möchte dich in ein weit entferntes Land führen, in das Land, in dem Jesus gelebt hat. Schließe die Augen und spüre, wie dein Atem tief in dich hinein, und langsam wieder herausströmt. Versuche, ganz ruhig zu werden.

Vorsichtig stehst du in Gedanken auf und gehst hinaus auf den Schulhof. Dort merkst du, dass du schwerelos wirst und beginnst zu fliegen. Du fliegst über Deutschland, Italien, Griechenland und über das tief blaue Mittelmeer. Die Zeit vergeht wie im Flug, und zwar rückwärts. Je weiter du fliegst, desto weiter kommst du in die Vergangenheit und das ist interessant für dich. Jetzt schaust du auf das Land unter dir und vermutest: Das muss Palästina vor ungefähr 2000 Jahren sein. Richtig, du befindest dich im Heiligen Land zur damaligen Zeit Jesu.

Das Land Palästina liegt am Mittelmeer. Der Jordan ist der einzige Fluss in Palästina. Der Fluss Jordan mündet in das Tote Meer. Dieser große See trägt diesen Namen, weil der Salzgehalt des Wassers so hoch ist. Das Tote Meer liegt im Gebiet von Judäa. Nicht weit vom Toten Meer entfernt, also auch in Judäa, liegt im Süden Jerusalem. Diese Stadt ist für die Juden ein besonderer Ort, da hier der Tempel war. Jeder Jude pilgerte mindestens einmal in seinem Leben zum Jerusalemer Tempel. Nahe bei Jerusalem liegt die Stadt Bethlehem.

Auf der anderen Seite von Palästina erblickst du im Norden einen weiteren großen See. Er grenzt direkt an den Jordan. Es ist der See Genezareth. Nicht weit davon entfernt liegt die Heimat von Jesu. Es ist das Dorf Nazareth, umgeben von einer hügeligen Landschaft im Gebiet von Galiläa.

Du wirst neugierig. Hier in Nazareth landest du. Du siehst einen Jungen. Er ist so alt wie du. Du gehst auf ihn zu, er lächelt freundlich. Du sagst ihm deinen Namen und begrüßt ihn. Er sagt, er heiße Jesus. „Ja, Jesus, den kenne ich." Du gehst nun zusammen mit Jesus durch das Dorf und Jesus erzählt dir von seiner Kindheit.

Jesus erzählt:

„Der **Sabbat** beginnt bei uns am Freitagabend und dauert bis zum Sonnenuntergang am Samstag. Ich verbringe den Tag mit meiner Familie und wir gehen gemeinsam in die Synagoge.

Am Tag des Sabbats wird nicht gearbeitet, es ist unser Ruhetag. Da Gott am siebten Tag geruht hat, soll der Mensch sich an diesem Tag von seiner Arbeit ausruhen. Der Sabbat ist ein Tag in der Woche, den wir ganz besonders beachten. Er ist uns Juden heilig."

Jesus erzählt:

„Wie alle anderen Kinder gehe ich am Sabbat in das jüdische Bethaus, das wir auch **Synagoge** nennen. Eine Synagoge ist ein jüdisches Versammlungshaus, in dem Gottesdienst gefeiert, aber auch gelernt wird. Ich lerne dort lesen und schreiben und alles, was für meine Religion wichtig ist. Es ist also auch meine Schule, die ich seit meinem fünften Lebensjahr besuche. Der Lehrer ist der Rabbi. Er kennt die Heilige Schrift und das Gesetz und kann die Leute beraten."

Jesus erzählt:

„Mit 13 Jahren werde ich meine **Bar-Mizwa** feiern. Ich darf dann zum ersten Mal im Gottesdienst aus der Tora vorlesen. Dann gehöre ich zu den erwachsenen Männern der Gemeinde. Die Mädchen feiern keine Bar-Mizwa und sie gehen auch nicht in die Schule. Sie lernen zu Hause von der Mutter alles, was man für den Haushalt alles können muss."

Jesus erzählt:

„Die **Menora** ist ein siebenarmiger Leuchter, dessen Form an einen Baum mit sieben Ästen erinnert. Der Lichterbaum erstrahlt auf dem Altar in der Synagoge als Symbol für die Zuversicht und als Zeichen, dass Gott nahe bei uns ist."

Jesus erzählt:

„Unser Rabbi, also der Lehrer, unterrichtet uns, die **Tora** zu lesen und zu verstehen. Die Tora ist unsere Heilige Schrift. Ich muss sehr viel auswendig lernen. Die Torarollen sind das Kostbarste und Heiligste in der Synagoge, denn in ihnen stehen die Geschichten von Gott und den Menschen und durch sie erfahren wir, wie wir beten sollen, damit Gott Freude an uns hat."

Jesus erzählt:

„In unserem Haus befindet sich fast an jedem Türrahmen eine **Mesusa**, was übersetzt Türpfosten bedeutet. Die Mesusa ist eine kleine Kapsel, in der Pergament hinein gerollt wird. Auf dem Pergament stehen zwei Texte aus der Tora. Die Mesusa ist ein Symbol, das Gott über unser Haus wacht und es beschützt."

Jesus erzählt:

„Unseren Gebetsmantel nennen wir auch **Tallit**, ein viereckiges Tuch aus Wolle oder Baumwolle und oft mit schwarzen oder blauen Streifen verziert. Ein Tallit wird getragen, damit wir Juden daran denken, die Gesetze Gottes einzuhalten. Ein Tallit wird nur von Männer getragen und zwar zu allen Morgengebeten sowie am Sabbat und an Festtagen."

Jesus erzählt:

„Die Männer bedecken ihren Hinterkopf mit einer Mütze aus Wolle oder Leder, die wir **Kippa** nennen. Die Kippa wird bei allen Gebeten und an Gebetsorten wie z.B. in der Synagoge getragen."

Texterarbeitungshilfen

Forscherfrage:	Antwort:

Hilfe

Denke an die W-Fragen!

Fleißaufgabe

jüdische Symbol:	christliches Symbol:

Symbole für die Lerntheke:

Model, Realobjekt oder Bild: Synagoge, Sabbat, Torarolle, Mesusa, Menorah, Tallit und Kippa

Symbole für die Fleißaufgabe:

Realobjekt oder Bild: Kreuz, Kirche, Bibel, Priestergewand, Kerze

Tafelbild

mögliche Leitfrage: „Wie ist Jesus (im jüdischen Glauben) aufgewachsen?"

mögliche Lösungen:

Mesusa = kleine Kapsel, an Türrahmen befestigt.

Kippa = Mütze aus Wolle oder Baumwolle

Tallit = Gebetsmantel

Tora = Heilige Schrift

Menora = siebenarmiger Leuchter

Synagoge = jüdisches Gebetshaus

Sabbat = Ruhetag

Jesus erzählt:

„Am Tag des _____ wird nicht gearbeitet, es ist unser Ruhetag. An diesem Tag gehe ich mit meiner Familie in die _____, um zu beten. Durch die _____verstehen wir Gott und erfahren, wie wir beten sollen. Sie ist unsere Heilige Schrift. Auf dem Altar steht ein *siebenarmiger Leuchter, die*_____. Im Gebetshaus tragen alle Männer einen Gebetsmantel, das nennen wir ein_____, und eine kreisrunde Mütze, die auch _____heißt. Zuhause schmücken wir unsere Türrahmen mit einer_____, die über unser Haus wacht und es beschützt.“

Lösungshilfe:

Mesusa   **Kippa**   **Tallit**   **Tora**

Menora   **Synagoge**   **Sabbat**

Lösung:

Jesus erzählt:

„Am Tag des Sabbats wird nicht gearbeitet, es ist unser Ruhetag. An diesem Tag gehe ich mit meiner Familie in die Synagoge, um zu beten. Durch die Tora verstehen wir Gott und erfahren, wie wir beten sollen. Sie ist unsere Heilige Schrift. Auf dem Altar steht ein siebenarmiger Leuchter, die Menora. Im Gebetshaus tragen alle Männer einen Gebetsmantel, den wir Tallit nennen und eine kreisrunde Mütze, die auch Kippa heißt. Zuhause schmücken wir unsere Türrahmen mit einer Mesusa, die über unser Haus wacht und es beschützt.“

BEI GRIN MACHT SICH IHR
WISSEN BEZAHLT

- Wir veröffentlichen Ihre Hausarbeit,
  Bachelor- und Masterarbeit

- Ihr eigenes eBook und Buch -
  weltweit in allen wichtigen Shops

- Verdienen Sie an jedem Verkauf

Jetzt bei www.GRIN.com hochladen
und kostenlos publizieren